W0221455

Teamgeister

Aktivitäten für ein respektvolles und gesundes Miteinander

Schülerheft

3/4

Ich heiße:

Wer ist in meiner Klasse?

- Schreibe die Vornamen der anderen Kinder in deiner Klasse in das richtige Feld: die Vornamen, die mit A beginnen, in das Feld mit dem Buchstaben A, die Vornamen, die mit B beginnen, in das Feld mit dem Buchstaben B und immer so weiter.

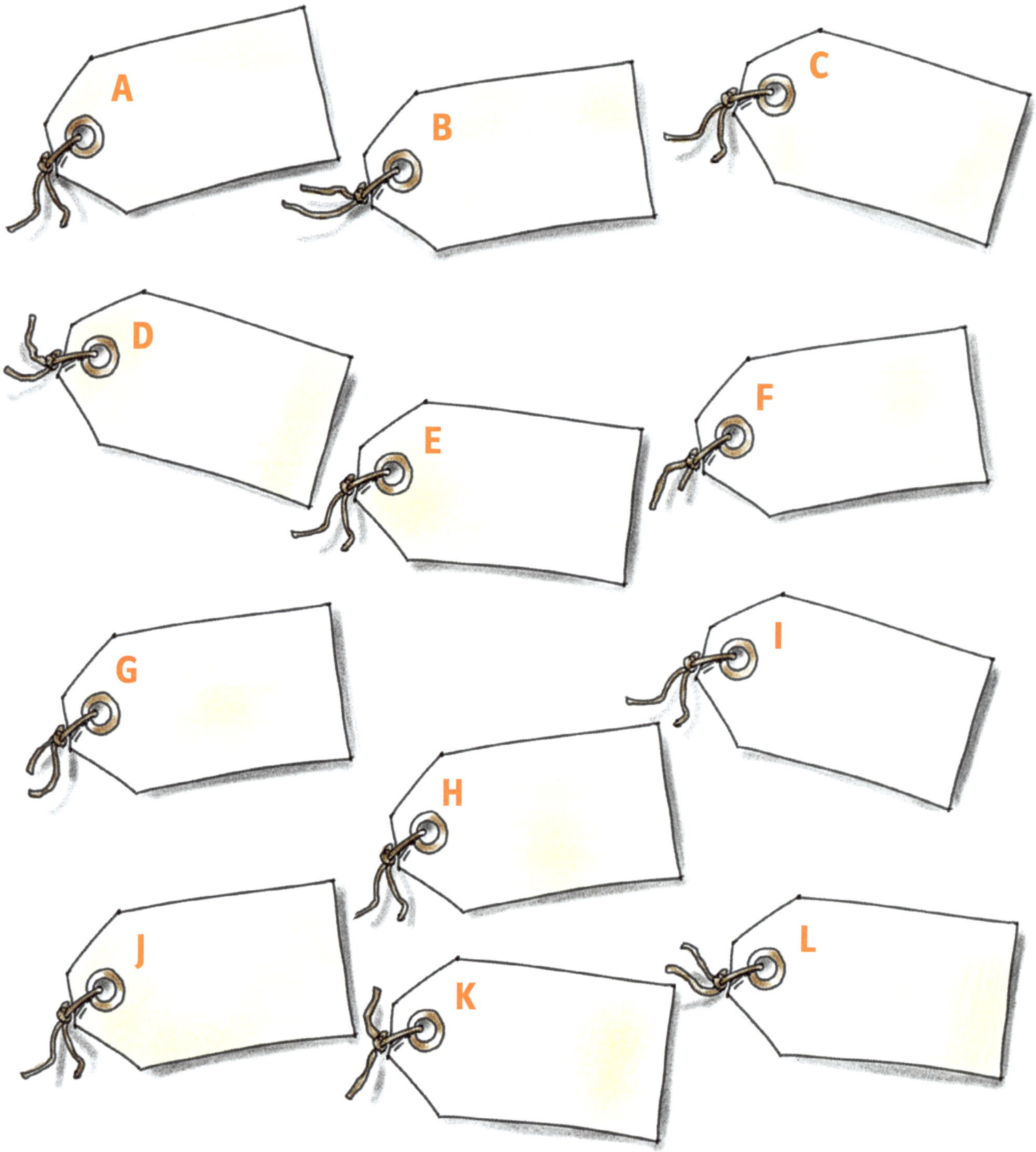

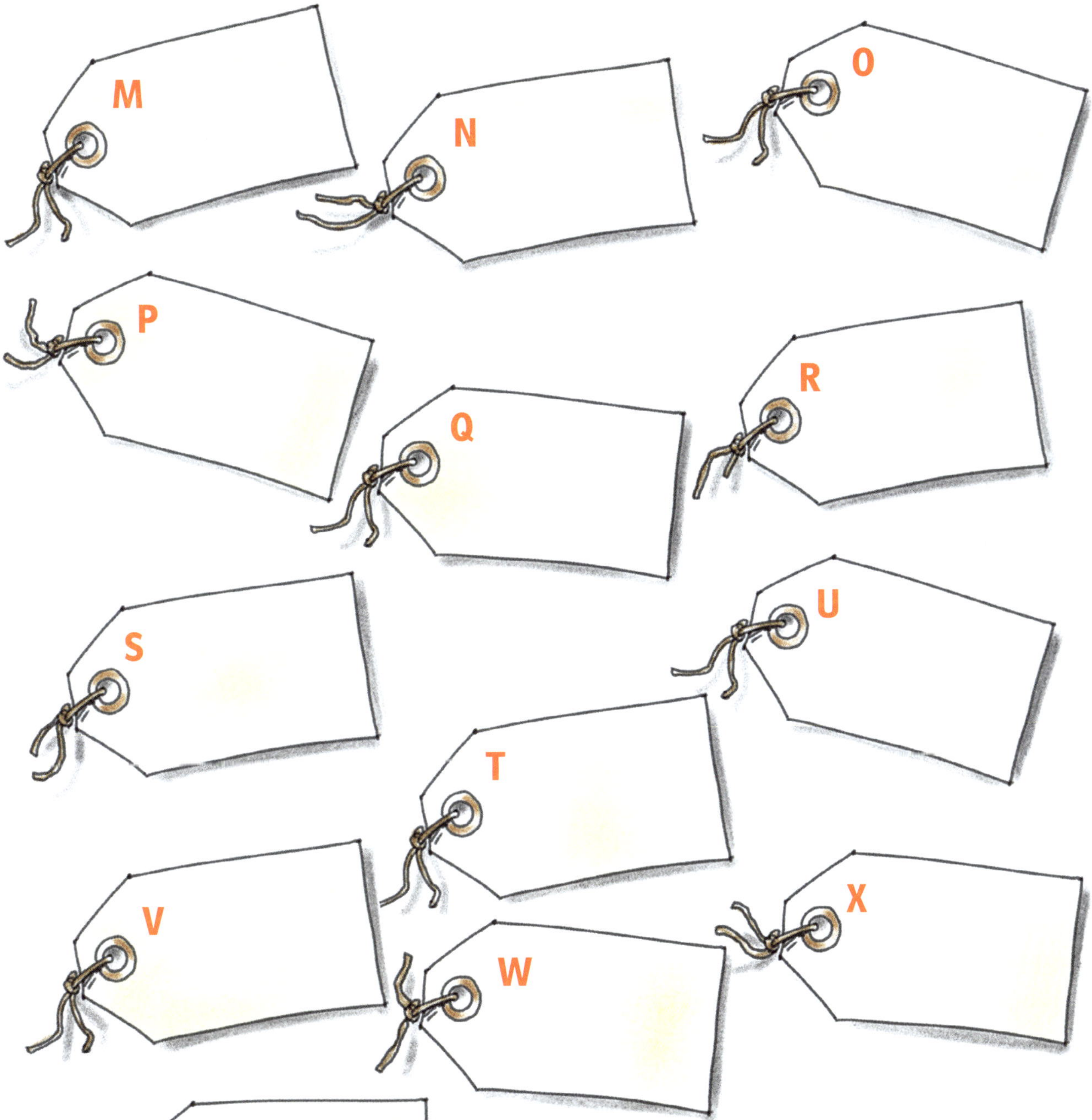

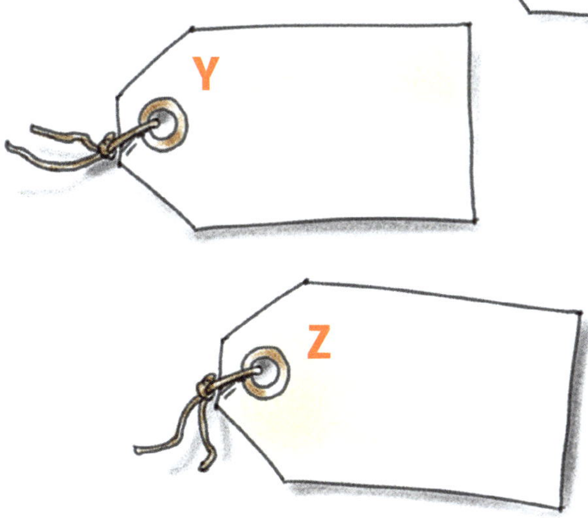

Meine Freundinnen oder
Freunde in der Klasse sind:

____

____

____

____

Wen ich gerne in meiner Klasse haben möchte

- Welche von diesen Kindern möchtest du gerne in deiner Klasse haben?
  Male den Kreis **grün** aus, wenn du ihn oder sie gerne in deiner Klasse haben möchtest.
  Male den Kreis **rot** aus, wenn du ihn oder sie nicht so gerne in deiner Klasse haben möchtest.

Patricia

Patricia ist immer gut gelaunt. Sie kann gut zuhören.

Martin

Martin ärgert gerne andere Kinder.

Ben

Ben kann gut Witze erzählen. Er setzt sich für andere ein.

Miriam

Miriam ist ehrlich. Sie lästert nie.

Abdul

Abdul hat immer gute Ideen, aber er gibt anderen auch die Chance, zu sagen, was sie wollen.

Paolo

Paolo redet viel und schreit dazwischen, wenn Lehrer etwas erklären.

Antje

Antje spielt viel mit einer Gruppe, bei der niemand anders mitspielen darf.

Tatjana

Tatjana macht gerne Unsinn.

Dorit

Dorit versucht eine Lösung zu finden, wenn es in der Klasse Ärger gibt.

Samuel

Samuel macht gerne die Sachen anderer Kinder kaputt.

Ramona

Ramona will gerne Chef sein.

Ricco

Ricco beschimpft gerne Kinder, die sich anstrengen.

Unsere Absprachen

- Das gefällt mir gut in unserer Klasse:

____

____

- Das gefällt mir nicht so gut in unserer Klasse:

____

____

- Wie kann jeder von euch mit dafür sorgen, dass alle sich in der Klasse wohlfühlen können?

Wenn ich ____________________,
helfe ich mit, dass alle sich wohlfühlen können.

Wenn ich ____________________,
helfe ich mit, dass alle sich wohlfühlen können.

Wenn ich ____________________,
helfe ich mit, dass alle sich wohlfühlen können.

Wenn ich ____________________,
helfe ich mit, dass alle sich wohlfühlen können.

Wenn ich ____________________,
helfe ich mit, dass alle sich wohlfühlen können.

Ich höre gut zu

- Kannst du gut zuhören? Wie kann man das bei dir merken? Wähle aus der rechten Liste fünf Verhaltensweisen aus, die deiner Meinung nach gutes Zuhören beschreiben, und schreibe sie auf.

So höre ich gut zu:

Ich ______________________

____

____

____

Ich ______________________

____

____

____

Ich ______________________

____

____

____

Ich ______________________

____

____

____

Ich ______________________

____

____

- Ich lese und meine Oma erzählt mir etwas.
- Ich bin selbst still.
- Ich unterbreche sie, um ihr meine Meinung dazu zu sagen.
- Ich schaue sie an.
- Ich frage sie auf keinen Fall, wenn sie erzählt.
- Ich möchte gerne wissen, was sie mir erzählen möchte.
- Ich erzähle zwischendurch etwas, das ich erlebt habe.
- Ich stelle ihr Fragen, wenn ich mehr wissen möchte.
- Ich nicke und sage „mmh", wenn ich sie verstanden habe.

Wörter, die wehtun

1

Du sagst viele Wörter am Tag. Du kannst freundliche Wörter sagen, aber auch unfreundliche oder ärgernde Wörter. Diese können anderen wehtun, zum Beispiel wenn du jemanden beschimpfst, ärgerst oder lächerlich machst.

2

Der Schmerz durch Wörter, die wehtun, ist anders als der Schmerz, den du spürst, wenn du dir in den Finger schneidest oder den Kopf stößt.

3

Wörter, die wehtun, verletzen nicht deinen Körper. Aber du bekommst vielleicht das Gefühl, dass die anderen dich blöd finden. Das ist ein sehr unangenehmes Gefühl. Jeder möchte lieber, dass die anderen ihn mögen und schätzen und ihm das auch sagen.

4

Wenn du selbst wütend bist, sagst du vielleicht auch Wörter, die anderen wehtun. Sicher tut es dir später oft leid. Denk deswegen erst nach, bevor du etwas sagst, das einem anderen wehtun kann. Das ist nicht immer leicht und es gelingt auch nicht immer, aber du kannst es auf jeden Fall versuchen.

Freundliche und ärgernde Wörter

Wörter, die wehtun

Dieser Junge und dieses Mädchen haben Streit. Sie beschimpfen einander.

- Welche Schimpfwörter verwendest du, wenn du schon mal jemanden beschimpfst?

___

___

___

- Welche Wörter bekommst du zu hören, wenn jemand dich beschimpft?

___

___

- Wie geht es dir, wenn jemand dich beschimpft? Male den passenden Kreis / die passenden Kreise aus.

◯ Ich bin dann traurig.

◯ Ich bin dann wütend.

◯ Ich habe dann Angst.

Freundliche Wörter

- Welche freundlichen Wörter sagt schon mal jemand zu dir?

___

___

- Wie geht es dir, wenn dir jemand solche Wörter sagt?

___

___

___

Ich finde dich nett!

- Schreibe deinen Namen mit besonders schönen Buchstaben groß in den Kasten.

Andere Kinder aus deiner Klasse, deine Lehrerin oder dein Lehrer und deine Eltern können hier aufschreiben, was sie an dir nett finden, und ihren Namen dazu schreiben.

Was andere an dir nett finden:

Ich finde dich nett, weil ______________________________

____

________________________ Name: ___________________

Ich finde dich nett, weil ______________________________

____

________________________ Name: ___________________

Ich finde dich nett, weil ______________________________

____

________________________ Name: ___________________

Für deine Lehrerin oder deinen Lehrer:

Ich finde dich nett, weil ______________________________

____

Für deine Eltern:

Ich finde dich nett, weil ______________________________

____

Ich kann schon vieles!

• Was kannst du schon?
Wähle alles, was du schon kannst,
aus den Beispielen aus und kreuze es an.

○ lesen
○ schwimmen
○ Schlittschuh laufen
○ skaten
○ Fahrrad fahren
○ Fußball spielen
○ eine andere Sportart (welche?)

____

○ dein Bett machen
○ vorlesen
○ auf ein Geschwisterkind aufpassen
○ singen
○ zeichnen
○ ein Musikinstrument spielen (welches?)

____

○ anderen helfen
○ trösten

○ ein Haustier versorgen (welches?)

____

○ zuhören
○ freundlich sein
○ einkaufen
○ Geschichten schreiben
○ den Tisch schön decken
○ das Alphabet aufsagen
○ streiten, ohne zu schimpfen
○ Witze erzählen
○ auf Englisch zählen
○ ein Essen zubereiten (welches?)

____

○ Was fällt dir noch ein?

____

____

Was möchte ich noch lernen?

- Was möchtest du in der nächsten Zeit noch lernen? Schreibe zwei oder drei Dinge auf.

- Was kannst du tun, um das tatsächlich zu lernen? Schreibe mehrere Ideen und Schritte auf.

Ein Baum voller Wünsche

- Schau dir die zehn Wünsche am Wunschbaum an.
  Fünf Felder sind noch frei.
  Schreibe in diese Felder fünf Wünsche, die dir noch einfallen.
  Du kannst auch Wünsche durchstreichen, die für dich nicht wichtig sind.

Meine drei wichtigsten Wünsche

- Welche drei Wünsche vom Wunschbaum sind dir am wichtigsten?
  Schreibe sie auf.
  Und warum gerade diese drei?
  Schreibe es auch auf.

Mein erster Wunsch:

das meine Katze nie stierbt

Das wünsche ich mir, weil

meine Katze schon acht-
zehn ist

Mein zweiter Wunsch:

____

Das wünsche ich mir, weil

____

____

Mein dritter Wunsch:

____

Das wünsche ich mir, weil

____

____

Ein guter oder ein schlechter Tag?

- Besprecht miteinander: Wann ist ein Tag für euch gut oder schlecht?
- Schreibe dann die Beispiele auf, die für dich gelten.

Ein Tag ist für mich gut, wenn …

Der Tag gut startet.
Wir etwas tolles machen.
Ich ausschlafen kann.
Wenn meine Freund kommen.
Wen ich frölich bin

Ein Tag ist für mich schlecht, wenn …

Wenn ich geärgert werde
Wenn ich einen bösen Traum hatt.

Gute Tage – schlechte Tage

- Was glaubst du, wie geht es dem Mädchen oder dem Jungen gerade? Schreibe es auf.

1

2

3

4

5

6

7

8

9

10

Hilfe, ich habe etwas verloren

1

Du willst nach Hause fahren und dein Fahrrad ist weg. Vielleicht ärgerst du dich, bekommst Angst oder gerätst in Panik. Was kannst du tun?

2

Nachdenken

Wenn etwas weg ist, was eigentlich da sein sollte, denke gut nach. Wann hast du das Vermisste das letzte Mal gebraucht oder gesehen? Oft hilft es, wenn du dich erinnerst, was du alles vorher getan hast. Wann hattest du es noch? Was ist in der Zwischenzeit alles passiert?

3

Fundbüro oder Polizei

Wenn du dein Fahrrad vielleicht auch mit der Hilfe anderer nicht gefunden hast, kannst du beim Fundbüro fragen, ob es jemand gefunden hat. Vielleicht wurde es auch gestohlen. Dann gehst du am besten zur Polizei und meldest es dort.

4

Vermisstenanzeige

Hast du dein Fahrrad noch nicht wiedergefunden? Vielleicht haben es andere gesehen, sie wissen aber nicht, dass es dir gehört. Du kannst auf einem kleinen Plakat aufschreiben, was du verloren hast, wie es aussieht, vielleicht mit Foto, und deine Telefonnummer dazuschreiben.

Spürnasen

- Bist du eine gute Spürnase? Das Fahrrad dieses Jungen ist weg. Er versucht, sich zu erinnern: Was war gestern? Wann bin ich das letzte Mal damit gefahren?
Leider ist er ein wenig durcheinander. Hilf ihm, seine Gedanken zu ordnen. Bringe die acht Sätze durch die Zahlen von 1 bis 8 in den Kreisen in die richtige Reihenfolge.

◯ Am Abend sollte ich um sechs Uhr zu Hause sein. Ich war spät dran und bin gerannt, um pünktlich zum Essen zu kommen.

◯ Nach dem Mittagessen bin ich mit dem Fahrrad zu meinem Freund gefahren, um ein Schulbuch auszuleihen.

◯ Um vier Uhr bin ich mit dem Fahrrad zum Kiosk gefahren, um einen Comic zu kaufen.

◯ Nach der Schule bin ich zusammen mit Nenad mit dem Rad nach Hause gefahren.

◯ Um halb fünf bin ich mit dem Fahrrad zum Spielplatz gefahren.

◯ Am Morgen bin ich kurz nach halb acht mit dem Fahrrad zur Schule gefahren.

◯ Nach dem Abendessen bin ich nicht mehr draußen gewesen.

◯ Um halb drei bin ich mit dem Schulbuch wieder zu Hause gewesen.

- Wo ist das Fahrrad?

____

Besser miteinander umgehen

Wie können die Menschen in eurer gespielten Szene besser miteinander umgehen?

- Wähle drei Tipps aus der Liste aus, von denen du denkst, dass sie helfen können. Du kannst auch etwas aufschreiben, das nicht in der Liste steht.

1. ______________________________
2. ______________________________
3. ______________________________

- Was glaubst du, warum können diese Tipps helfen, besser miteinander umzugehen?
  Ich glaube, dass Tipp 1 hilft, weil

____

____

____

Ich glaube, dass Tipp 2 hilft, weil

____

____

____

Ich glaube, dass Tipp 3 hilft, weil

____

____

1. einander Fehler vorwerfen
2. ruhig miteinander sprechen
3. gut zuhören
4. daran denken, dass andere auch Gefühle haben
5. deutlich sagen, was man denkt und will, damit die anderen es begreifen
6. von jedem annehmen, dass er auch etwas Gutes will
7. aus seinen Fehlern lernen
8. deutlich sagen, was einen ärgert
9. mit unterschiedlichen Meinungen rechnen
10. bereit sein, Neues zu probieren
11. laut sagen, was einen stört
12. sagen, wenn man eine andere Meinung verstehen kann
13. zusammen nach einer Einigung suchen
14. klar sagen, was man selbst gerne möchte
15. ______________________________
    ____
16. ______________________________
    ____

Sind das Freundinnen oder Freunde?

• Schau dir die Bilder gut an. Ob diese Kinder befreundet sind? Kreuze entsprechend an.

1

Sind die beiden Freundinnen / Freunde?

◯ ja ◯ nein

Warum hast du so entschieden?

____

____

2

Sind die beiden Freundinnen / Freunde?

◯ ja ◯ nein

Warum hast du so entschieden?

____

____

3

Sind die beiden Freundinnen / Freunde?

◯ ja ◯ nein

Warum hast du so entschieden?

____

____

4

Sind die beiden Freundinnen / Freunde?

◯ ja ◯ nein

Warum hast du so entschieden?

____

____

5

Sind die beiden Freundinnen / Freunde?

◯ ja ◯ nein

Warum hast du so entschieden?

____

____

6

Sind die beiden Freundinnen / Freunde?

◯ ja ◯ nein

Warum hast du so entschieden?

____

____

Wer bestimmt? Du oder ich?

Lina und Britta wollen zusammen spielen. Aber sie haben unterschiedliche Wünsche. Welche Lösungen kannst du dir vorstellen, mit denen beide zufrieden sind?

- Schreibe zwei oder drei Ideen auf.

____

____

____

____

Mirco will Fußball spielen, aber Nicky hat keine Lust. Er sagt aber nichts und geht mit.

- Was glaubst du, wie es Nicky geht?

____

____

Was kann Nicky in Zukunft tun, damit es ihm besser geht?

- Schreibe zwei oder drei Ideen auf.

____

____

____

____

Was mich ärgert oder wütend macht

- Kreuze fünf Verhaltensweisen an, die dich am meisten ärgern oder wütend machen.
  Vielleicht fallen dir auch noch andere Beispiele dazu ein.

○ wenn ich mitspielen möchte, die anderen mich aber nicht lassen
○ wenn jemand mich beschimpft
○ wenn jemand Lügen über mich verbreitet
○ wenn ich die Schuld bekomme, obwohl ich es nicht war
○ wenn jemand immer über mich bestimmen will
○ wenn ich etwas tun soll, das ich nicht mag
○ wenn jemand mir etwas wegnimmt, ohne mich zu fragen
○ wenn jemand absichtlich meine Sachen schmutzig macht
○ wenn jemand unehrlich zu mir ist
○ wenn jemand mir absichtlich weh tut

○ wenn ______________________________

○ wenn ______________________________

Wie kannst du einen Fehler wiedergutmachen?

- Jemand aus deiner Klasse hat dich auf dem Schulhof beim Fangen an der Jacke festgehalten. Nun ist ein Knopf abgerissen.
  Wie kannst du ihm oder ihr sagen, was dich ärgert oder wütend macht, ohne zu schimpfen oder zu beleidigen?

____

____

____

- Im Streit hast du deinem Freund oder deiner Freundin gesagt: „Du bist blöd. Ich will nie wieder mit dir spielen." Du hast das gesagt, weil du wütend warst, aber du hast es nicht so gemeint.
  Was kannst du sagen oder tun, um es wieder in Ordnung zu bringen?

____

____

Vertragen wir uns wieder?

1

Sage, was dich ärgert.
Habt ihr Streit und wollt ihr euch wieder vertragen?
Sprecht zusammen über den Streit. Sagt, was euch ärgert oder was ihr nicht gut findet.
Ein Beispiel: „Es ärgert mich, dass du nur das spielen willst, was du vorschlägst."

2

Versucht gemeinsam eine Lösung zu finden.
Ihr könnt zum Beispiel verabreden, dass der eine heute und der andere morgen bestimmt, was ihr spielt.
Habt ihr im Streit etwas gesagt, das den anderen geärgert oder verletzt hat?
Dann sagt jetzt, dass es euch leid tut.

3

Zeige dem anderen, dass du dich nicht mehr über ihn ärgerst.
Bist du nicht mehr ärgerlich? Weiß der andere das sicher? Frage nach, ob alles wieder gut ist. Zeige dem anderen, dass du dich nicht mehr ärgerst. Das kannst du zum Beispiel tun, indem du ihm freundlich sagst, dass du jetzt spielen möchtest, was er gut findet.

4

Mach es beim nächsten Mal anders.
Weißt du jetzt, was den anderen ärgert? Dann kannst du beim nächsten Mal daran denken. Und ihr bekommt nicht so schnell wieder Streit.

Gemeinsamkeiten und Unterschiede

- Ihr seid zu dritt oder zu viert in eurer Gruppe.
- Teile jetzt das Feld rund um den Kreis in drei oder vier Teile ein. Deine Lehrerin oder dein Lehrer zeigt dir, wie das geht.
- Findet gemeinsam drei Dinge heraus, die ihr alle gerne mögt. Das kann etwas zum Essen, Spielen, Anziehen sein oder etwas anderes. Schreibt oder zeichnet diese Dinge oben in den Kreis.
- Findet jetzt auch drei Dinge heraus, die ihr alle nicht mögt. Schreibt oder zeichnet sie unten in den Kreis.

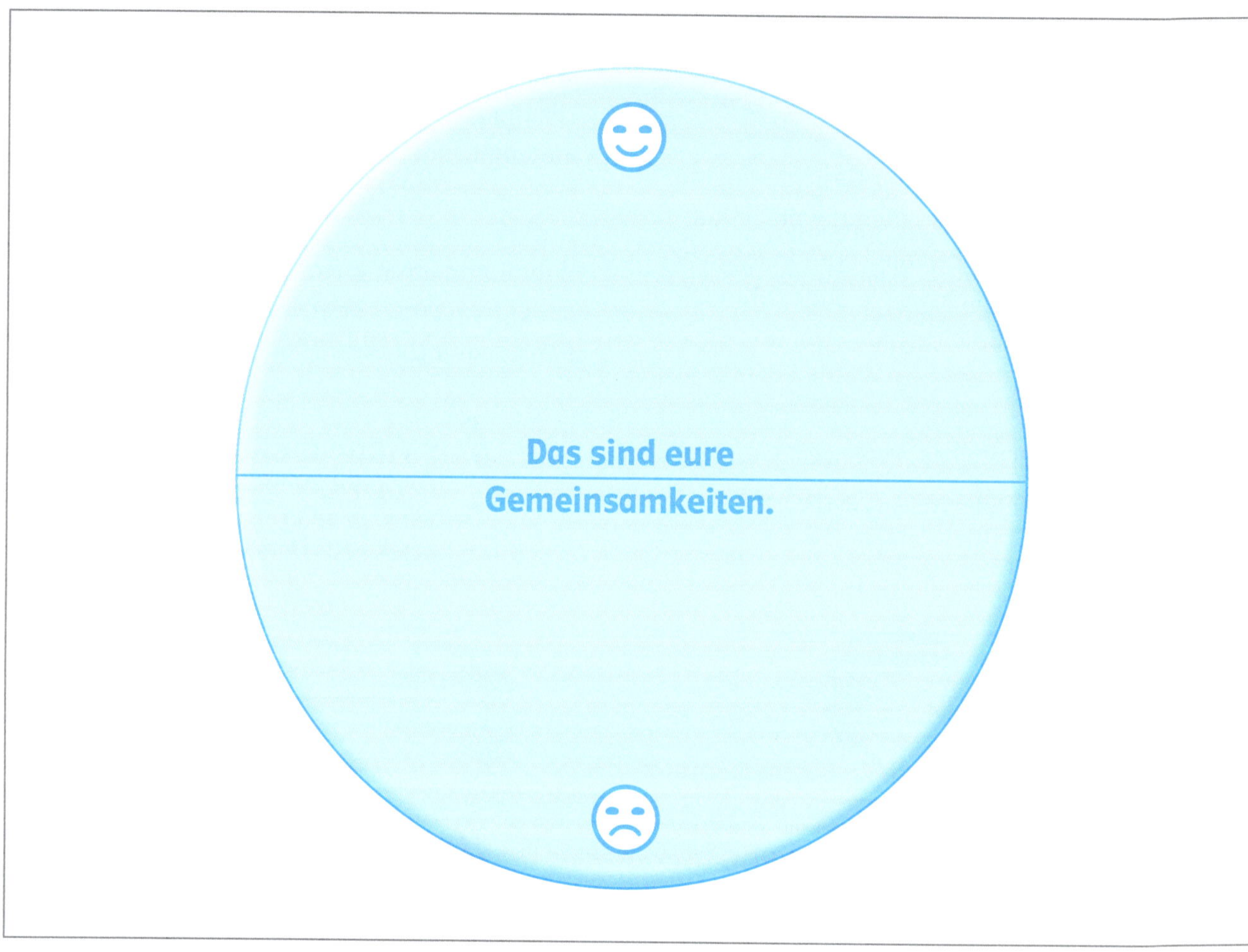

Jetzt geht es um die Unterschiede.

- Sprecht wieder miteinander. Suche drei Dinge, die nur du alleine hast, kannst oder magst, die anderen in deiner Gruppe aber nicht.
- Schreibe oder zeichne diese Dinge in dein Feld am Rand. Schreibe auch deinen Namen in dein Feld.

Für sich selbst und für andere eintreten

Als Tanja in die Klasse kommt, fangen Pauline und ihre Freundinnen an zu lachen. Sie verziehen ihr Gesicht. Pauline sagt: „Da ist sie ja wieder, die blöde Kuh", gerade so laut, dass die Lehrerin es nicht hört, aber möglichst viele andere Kinder, vor allem natürlich Tanja.

- Was denkt ihr, wie geht es Tanja in diesem Moment?

____

____

____

- Was würdest du tun, wenn du Tanja wärest?

____

____

____

____

Joel sagt zu Marc: „Richard ist ein Volltrottel. Wenn du in der Pause mit ihm spielst, gehörst du nicht mehr zu uns."

- Wenn du Marc wärest, aus welchen Gründen möchtest du vielleicht auf Joel hören?

____

____

____

- Und aus welchen Gründen möchtest du vielleicht nicht auf ihn hören?

____

____

____

____

Große und kleine Risiken

- Welche Dinge aus der Liste sind für dich eher ein großes Risiko und welche eher ein kleines?
  Male bei jeder Situation den Kreis farbig aus.
  Grün bedeutet „kleines Risiko für dich",
  rot bedeutet „großes Risiko für dich".
  Wenn du glaubst, dass ein großes Risiko kleiner wird, wenn du gut aufpasst, male den Kreis **orange** aus.

- ◯ eine viel befahrene Straße überqueren, ohne vorher rechts und links zu schauen
- ◯ über einen zwei Meter breiten Graben springen
- ◯ mit jemandem mitgehen, den du nicht kennst
- ◯ als Kind im Auto auf dem Beifahrersitz mitfahren
- ◯ eine volle Tasse mit heißem Tee die Treppe hochtragen
- ◯ jemanden unterstützen, der von vielen aus der Klasse ausgegrenzt wird
- ◯ in der Eishalle Schlittschuh laufen
- ◯ ein Geheimnis eines Freundes oder einer Freundin weitererzählen
- ◯ jemandem etwas billig abkaufen, von dem du annimmst, dass es geklaut sein könnte
- ◯ in der Klasse seine Meinung sagen
- ◯ auf einen hohen Baum klettern
- ◯ über einen zugefrorenen Teich laufen
- ◯ den Mitschülern alleine etwas vortanzen
- ◯ vor der Klasse ein Lied singen
- ◯ auf einem Feldweg freihändig Fahrrad fahren
- ◯ bei jemandem auf dem Gepäckträger mitfahren
- ◯ mit einem scharfen Messer Brot schneiden
- ◯ bei einer Theateraufführung der Schule mitspielen
- ◯ Holzabfälle verbrennen
- ◯ ohne Helm Fahrrad fahren
- ◯ seine Zähne nur am Wochenende putzen

Erst nachdenken, dann handeln

1. Fünf Kinder haben sich einen Bogen gebaut und aus Ästen Pfeile geschnitzt. Jetzt wollen sie damit schießen.
   - Was kann passieren?

   - Wie können sie das Risiko verkleinern?

2. Drei Kinder kommen mit dem Rad an einem einsamen See vorbei. Das Wetter ist so schön, dass sie beschließen, im See zu schwimmen.
   - Was kann passieren?

   - Wie können sie das Risiko verkleinern?

3. Ein Kind fährt im Winter vom Training im Dunkeln nach Hause. Bei seinem Fahrrad funktioniert das Licht nicht.
   - Was kann passieren?

   - Wie kann es das Risiko verkleinern?

Gehst du gerne oder ungerne zur Schule?

- Welche Sätze stimmen deiner Meinung nach? Kreuze sie an.
- Fallen dir noch andere Gründe ein? Schreibe sie auf.

Ich gehe gerne zur Schule, weil …

- ◯ ich da mit meinen Freundinnen oder Freunden spielen kann
- ◯ ich viele Freunde an der Schule habe
- ◯ viele nette Kinder in meiner Klasse sind
- ◯ ich dort viel lerne
- ◯ es zu Hause langweilig ist
- ◯ ich meine Lehrerin / meinen Lehrer nett finde
- ◯ wir da Sport haben
- ◯ wir in der Klasse gemeinsam Interessantes machen
- ◯ die Lehrerin / der Lehrer spannende Geschichten erzählt
- ◯ ich gute Noten bekommen möchte
- ◯ es in der Klasse viel zu lachen gibt
- ◯ ____________________
- ◯ ____________________

Ich gehe ungerne zur Schule, weil …

- ◯ ich dann früh aufstehen muss
- ◯ ich es zu Hause schöner finde
- ◯ ich nicht gerne lerne
- ◯ ich mich in der Schule oft langweile
- ◯ ich da oft geärgert werde
- ◯ wir da Sport haben
- ◯ ich da keine Freundinnen oder Freunde habe
- ◯ ich da niemanden nett finde
- ◯ ich mich anders fühle als die anderen Kinder in meiner Klasse
- ◯ ich nicht gut so lange still sitzen kann
- ◯ ich am liebsten immer spiele
- ◯ ____________________
- ◯ ____________________

Gut zuhören

- Gehören diese Verhaltensweisen eher zu „Großohr“?
  Dann male den Kreis **grün** aus.
  Sind dies eher Verhaltensweisen von „Plappermaul“,
  male den Kreis **rot** aus.

Großohr

Plappermaul

- ◯ ruft zwischendurch „Das habe ich auch“ oder „Das kenne ich auch“.
- ◯ schaut dich an, wenn du mit ihm sprichst.
- ◯ spricht zwischendurch auch mit anderen, während du etwas erzählst.
- ◯ erzählt zwischendurch von eigenen Gedanken.
- ◯ fragt nach, um etwas besser verstehen zu können.
- ◯ beugt sich zu dir, um dir genau zuzuhören.
- ◯ macht Quatsch, wenn Lehrer etwas erklären, ruft dann: „Ich habe es nicht verstanden“.
- ◯ fängt ein neues Thema an, obwohl du noch sprichst.
- ◯ zeigt durch Nicken, dass er dich versteht.
- ◯ unterbricht dich und erzählt deinen Satz zu Ende.
- ◯ gähnt, schaut auf die Uhr, lässt seine Schultern hängen.
- ◯ schaut aus dem Fenster, während du etwas erzählst.
- ◯ stellt hin und wieder eine interessierte Frage zu dem, was du erzählst.

Wen und wie kannst du um Hilfe bitten oder fragen?

1. Du bist mit deiner Familie in Urlaub in einem fremden Ort. Du bist allein unterwegs und hast dich verlaufen.
   - Wen kannst du fragen oder um Hilfe bitten?
   - Wie kannst du das tun?

2. Du spielst mit einem anderen Kind auf der Straße. Ihr wisst nicht, ob es schon Zeit ist, nach Hause zu gehen.
   - Wen kannst du fragen oder um Hilfe bitten?
   - Wie kannst du das tun?

3. Ein Kind in der Klasse hat einen wunderschönen Stift, der immer wieder in einer anderen Farbe schreibt. Du möchtest ihn dir gerne ausleihen.
   - Wie kannst du fragen?

4. Dein Vater ist die Kellertreppe hinuntergefallen. Er liegt auf der Erde und ist ohnmächtig.
   - Wen kannst du fragen oder um Hilfe bitten?
   - Wie kannst du das tun?

Wie kannst du fragen?

Fragen helfen Menschen, etwas zu erfahren oder etwas zu bekommen, das sie brauchen.
Wenn du etwas brauchst oder etwas wissen willst, helfen dir vielleicht die folgenden Tipps.

1

Denk nach, wen du fragen willst und wann. Manchmal hilft es, auf einen günstigen Zeitpunkt zu warten.

2

Frage freundlich. Denk dran: Eine Frage ist kein Befehl. Der andere darf Nein sagen.

3

Bedanke dich freundlich.

4

Hilf auch anderen, wenn sie dich fragen.

Freundliche Fragen beginnen zum Beispiel so:

- Darf ich …
- Darf ich vielleicht …
- Darf ich bitte …
- Kannst du mir bitte mal … geben?
- Hast du vielleicht … für mich?
- Weißt du, wo … ist?
- Weißt du, ob …?
- Kannst du mir bei … helfen?

Etwas können

Alle Menschen können etwas. Was kannst du schon? Einige können gut singen, andere zeichnen, wieder andere können spannende Geschichten oder lustige Witze erzählen oder sind gut in einer Sportart. Oder sie können gut freundlich sein oder anderen helfen.

Wenn du ein wenig nachdenkst, wird dir sicher etwas einfallen, das du schon gut kannst. Dir fällt nichts ein? Vielleicht sind manche Dinge für dich schon Gewohnheit oder selbstverständlich. Aber andere Kinder finden es gar nicht selbstverständlich, so etwas zu können.

Wenn du weißt, dass du etwas schon gut kannst, darfst du ruhig stolz darauf sein. Aber du musst nicht überall damit angeben. Denn andere Kinder brauchen vielleicht nur etwas mehr Zeit, um es zu lernen oder sie können vielleicht andere Dinge, die du noch nicht kannst.

Wenn du weißt oder wenn andere dir sagen, dass du etwas schon gut kannst, bekommst du ein gutes Gefühl und dein Selbstvertrauen wächst. Dann lernst du auch leichter neue Dinge, weil du keine Angst hast und darauf vertraust, dass es schon gelingen wird.

Talentshow

- Was kannst du schon?
  Male die Felder, in denen steht, was du schon kannst, **grün** aus.
  Male die Felder, in denen steht, was du gerade lernst, **rot** aus.
  Male die Felder, in denen steht, was du noch nicht kannst,
  aber lernen möchtest, **blau** aus.
- Schreibe in die leeren Felder eigene Ideen. Male sie auch aus.

Musik machen

schwimmen

Fußball spielen

Inliner fahren

aufräumen

singen

tanzen

ein Haustier versorgen

jemanden trösten

den Tisch decken

freundlich sein

einkaufen

zeichnen

anderen helfen

Geschichten ausdenken

mit dem Computer umgehen

Witze machen

basteln

seilspringen

Theater spielen

in der Schule lernen

zaubern

Labyrinth der guten Eigenschaften

- Auf dem Weg durch das Labyrinth begegnest du vielen Silben, die du zu guten Eigenschaften zusammensetzen kannst. Welche hast du gefunden? Schreibe sie in die Liste „Gute Eigenschaften“.
- Schreibe hinter jede gute Eigenschaft den Namen eines Kindes aus der Klasse, zu dem diese Eigenschaft passen könnte.

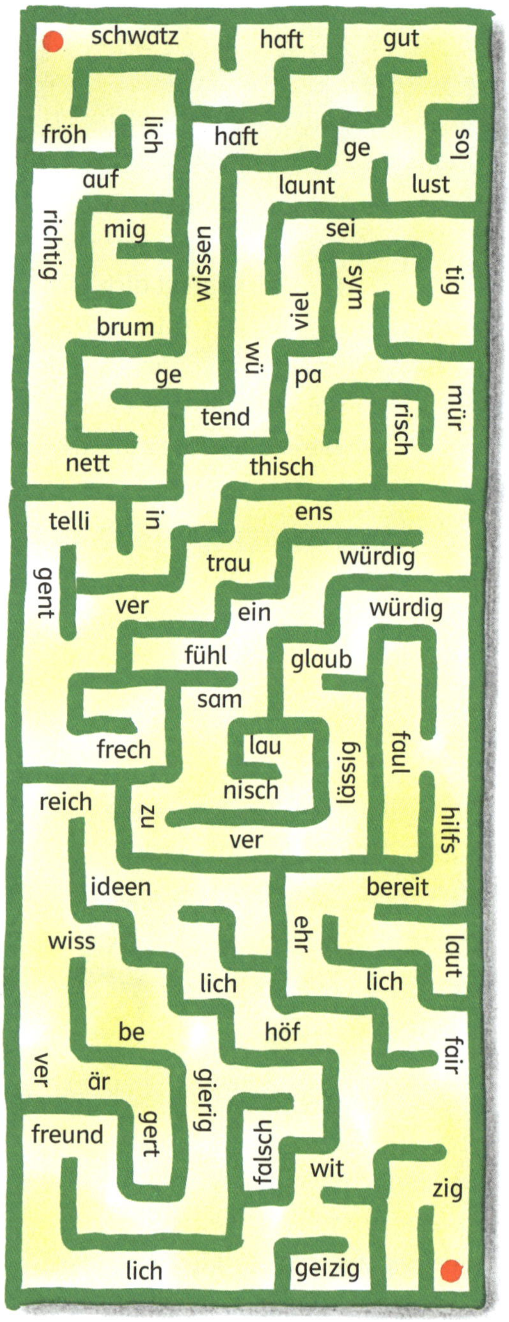

Gute Eigenschaften	Name eines Kindes
1. ______	______
2. ______	______
3. ______	______
4. ______	______
5. ______	______
6. ______	______
7. ______	______
8. ______	______
9. ______	______
10. ______	______
11. ______	______
12. ______	______
13. ______	______
14. ______	______
15. ______	______
16. ______	______
17. ______	______
18. ______	______
19. ______	______
20. ______	______

Tratschen

Was ist das eigentlich, tratschen?

1

Wer tratscht, erzählt die Dinge anders, als sie in Wirklichkeit sind. Vielleicht schöner, meistens aber unangenehmer, schlechter.

2

Warum erzählen Kinder hässliche Dinge über andere Kinder? Vielleicht mögen sie die anderen nicht, sind neidisch oder eifersüchtig. Vielleicht hören ihnen mehr Kinder zu, wenn sie Aufregendes erzählen. Vielleicht haben sie sich über ein Kind geärgert und wollen es nun auch ärgern.

3

Es ist nicht angenehm, wenn über dich getratscht wird. Du ärgerst dich, bist traurig oder enttäuscht. Es kann aber auch unangenehm werden, wenn du selbst tratschst.

4

Zum Beispiel, wenn jemand erzählt, was du über ein anderes Kind gesagt hast. Dann kann es sein, dass du selbst Ärger bekommst.

5

Was kannst du tun, wenn über dich etwas erzählt wird, das nicht wahr ist? Versuche, deutlich und klar zu sagen, wie es wirklich ist. Wenn dir niemand zuhört oder glaubt, sprich darüber mit deinen Eltern, deiner Lehrerin oder deinem Lehrer oder mit einem anderen Erwachsenen, den du gut kennst.

Tratsch nicht über mich!

- Habt ihr schon mal mitbekommen, wie Kinder über andere Kinder tratschen oder Gerüchte verbreiten? Oder habt ihr selbst schon mal dabei mitgemacht?
  Schaut euch die kleine Bildgeschichte an und beantwortet dann die Fragen dazu.

Was denkt ihr, wie geht es Dennis im letzten Bild?

____

Warum geht es ihm wohl so?

____

Stellt euch vor, ihr wärt Dennis, was könntet ihr tun oder sagen?

____

Wen könnt ihr um Hilfe bitten,
wenn euch nichts einfällt oder wenn euch keiner zuhört?

____

Es tut mir leid

1. Stephan hat das Fahrrad seines besten Freundes Cem kaputt gemacht. Es tut ihm leid und er will es wiedergutmachen. Wie kann er das tun?

- Er kann Cem sagen: ______________________________
- Um den Schaden wiedergutzumachen, kann er ______________________________

2. Carola hat zu Hause etwas kaputt gemacht, es aber nicht den Eltern gesagt. Jetzt bekommt ihre Schwester Kristin die Schuld und wird dafür bestraft. Carola fühlt sich ziemlich schlecht. Was kann sie tun, um das wieder gut zu machen?

- Carola kann Kristin sagen ______________________________
____
- Carola kann ihren Eltern sagen ______________________________
____

3. Du hast etwas getan, was nicht in Ordnung war. Nun fühlst du dich schuldig und hast Angst oder es ist dir peinlich, darüber zu sprechen.

- Was kannst du tun?
____
____
- Was würde dir helfen, doch darüber sprechen zu können?
____

Eifersüchtig? Neidisch?

1

Es gibt viele Gründe, eifersüchtig oder neidisch zu werden, zum Beispiel wenn dein Freund oder deine Freundin mehr mit anderen Kindern als mit dir spielt. Oder wenn jemand schönere Sachen anhat. Oder wenn jemand bessere Noten bekommt.

2

Eifersucht und Neid sind unangenehme Gefühle, die entstehen können, wenn jemand etwas hat oder kann, das du nicht hast oder kannst.

3

Was kannst du tun, wenn du eifersüchtig oder neidisch bist?
Denk daran: Alle Menschen sind verschieden. Alle haben etwas, das du nicht hast, und du hast etwas, was andere nicht haben.
Der eine ist groß und der andere ist klein. Der eine hat reiche Eltern, andere Eltern haben weniger Geld. Manche Dinge sind zu ändern, andere nicht.

4

Versuche herauszufinden, warum du eifersüchtig oder neidisch bist.
Vielleicht möchtest du überlegen, was du ändern kannst. Erinnere dich an das, was du schon kannst, was du an dir selbst magst und was andere an dir mögen.
Wenn du nicht mit dir zufrieden bist, was möchtest du ändern? Fällt dir nichts ein? Sprich darüber mit jemandem, der dich gut kennt.

Warum kann man eifersüchtig oder neidisch sein?

____

____

____

Was kann man tun, um nicht mehr eifersüchtig oder neidisch zu sein?

____

____

____

Wie stark ist das Gefühl?

Freude | Ärger | Neugier | Überraschung | Ekel | Angst | Scham

- Welches Gefühl hättest du selbst in dieser Situation? Überlege zuerst und schreibe es dann auf.
- Was denkst du, wie stark wäre dieses Gefühl bei dir? Male das Feld ganz aus, wenn es ein starkes Gefühl ist. Wenn das Gefühl nur schwach ist, male das Feld nur ganz wenig aus. Je mehr du es ausmalst, umso stärker ist das Gefühl.

1. Du hast dein Pausenbrot zu Hause vergessen. ____________
2. Heute ist keine Schule. Es ist Sportfest. ____________
3. Du sollst auf einer Schulfeier ein Gedicht aufsagen. ____________
4. Du wirst zum Geburtstag eines Freundes oder einer Freundin eingeladen. ____________
5. Der letzte Schultag vor den Sommerferien. Gleich gibt es Zeugnisse. ____________
6. Du sollst dein Zimmer aufräumen, du findest es aber nicht unordentlich. ____________
7. Sonntag kommen deine Oma und dein Opa zu Besuch. ____________
8. Du musst dringend zur Toilette, aber sie ist sehr schmutzig. ____________
9. Du kommst nach der Schule nach Hause, aber niemand ist da. ____________
10. Deine Eltern erlauben dir nicht, mit den anderen zu zelten. ____________
11. Papa oder Mama fragt: „Hast du Lust auf ein Eis?" ____________
12. Du trittst auf dem Weg zur Schule in einen Hundehaufen. ____________
13. Ein Freund oder eine Freundin sagt: „Soll ich dir ein Geheimnis verraten?" ____________
14. Ihr sitzt zu Hause mit Gästen am Tisch. Deine kleine Schwester rülpst laut. ____________

Wer oder was mir wichtig ist

- Schreibe einige Menschen, Tiere oder Dinge auf, die dir wichtig sind.

______________ ______________ ______________

______________ ______________ ______________

______________ ______________ ______________

- Suche dir nun vier Beispiele aus der Liste und schreibe auf, warum dir dieser Mensch, dieses Tier oder dieser Gegenstand wichtig ist.

______________ ist mir wichtig, weil ______________

______________ ist mir wichtig, weil ______________

______________ ist mir wichtig, weil ______________

______________ ist mir wichtig, weil ______________

- Schreibe deinen eigenen Namen zweimal auf. Zeige nun diese Seite zum Beispiel deinen Eltern, deinen Großeltern oder zwei anderen Menschen, die dir wichtig sind. Bitte sie aufzuschreiben, warum du ihnen wichtig bist.

(Dein Name:) ______________ ist mir wichtig, weil ______________

____

(Dein Name:) ______________ ist mir wichtig, weil ______________

____

Ich mag dich!

1

Manche Menschen sind sehr wichtig für dich. Du willst sie auf keinen Fall verlieren! Und wenn du sie verlieren würdest, wärst du sehr traurig.

2

Welche Menschen würdest du nicht gerne verlieren? Vielleicht deine Eltern, Geschwister, Großeltern, Tanten oder Onkel, Nachbarn, Freunde und Freundinnen?

3

Du willst Menschen, die du magst, nicht verlieren. Aber zeigst du ihnen auch, dass sie dir viel bedeuten? Sie tun oft viel für dich. Was kannst du ihnen zurückgeben? Hilfst du ihnen? Bist du freundlich zu ihnen? Sagst du, dass du sie magst? Wenn du jemandem sagst, dass du ihn magst, wird er sich freuen und ihr mögt euch dann vielleicht noch lieber.

4

Auch Menschen, die nicht zu deiner Familie gehören, freuen sich, wenn du freundlich zu ihnen bist oder wenn du dich bedankst, wenn sie etwas für dich getan haben.
Und wenn du meinst, dass sie etwas gut können oder freundlich sind oder schöne Sachen haben, dann sag es ihnen. Sie werden sich freuen, es von dir zu hören.

Sag, was dich ärgert 1

Bist du manchmal wütend auf jemanden? Was kannst du tun? Schweigen und schmollen? Damit erreichst du gar nichts. Schimpfen und beleidigen? Das bringt oft nur neuen Ärger.

Sag einfach, was dich ärgert.

Bevor du aber etwas sagst, solltest du dich beruhigen. Sonst sagst du vielleicht etwas, das dir später leidtut.

Wie kannst du dich beruhigen, wenn du ärgerlich oder wütend bist?

- Zähle langsam in Gedanken bis zehn.
- Atme mehrmals tief ein und aus.
- Sage dir in Gedanken mehrmals: „Reg dich nicht auf."
- Sage, dass du später darüber sprechen möchtest. Dann kannst du erst nachdenken.
- Mach etwas, das dir gefällt, z. B. dich bewegen, Musik hören oder etwas anderes.
- Frage einen anderen um Rat, was du tun kannst oder sagen sollst.

Wie kannst du sagen, was dich ärgert?

Sprich von dir selbst.

Fange deinen Satz möglichst mit „Ich" an. Ein Beispiel: „Ich mag es nicht, wenn du …"
Erkläre, was dich ärgert. „… meinen Füller nimmst, ohne mich zu fragen."

Vermeide Beschimpfungen.

Wenn du deinen Satz mit „Du" beginnst, fühlt sich der andere schnell angegriffen, vor allem wenn du sagst, dass er etwas „immer", „dauernd" tut oder „nie" etwas richtig macht.

Wenn du zum Beispiel sagst: „Du nimmst immer meine Sachen weg, ohne mich zu fragen", wird der andere sich verteidigen wollen und ein neuer Streit beginnt.

Beruhige dich und sage, was dich ärgert.

Dann lässt sich Streit oft vermeiden.

- Ich mag nicht, wenn du …
- Ich ärgere mich, wenn du …
- Es stört mich, wenn du …

So können Sätze beginnen, die dir helfen, unnötigen Streit zu vermeiden.

Wenn du auch noch erklärst, warum du dich ärgerst, versteht der andere dich noch besser.

Beschimpfen oder Ärger mitteilen?

- Kreuze an, ob in dem Beispiel jemand einen anderen beschimpft oder ob jemand einem anderen mitteilt, was ihn oder sie ärgert.

○ beschimpfen
○ sagen, was dich ärgert

1. Du bist durch Los einem Partner zugeordnet worden. Die Zusammenarbeit klappt gar nicht. Du sagst: „Wenn ich mit dir arbeiten soll, klappt überhaupt nichts. Du machst nur Blödsinn."

○ beschimpfen
○ sagen, was dich ärgert

2. Eine Freundin / ein Freund hat ein Geheimnis von dir hinter deinem Rücken weitererzählt. Du sagst: „Es ärgert mich, wenn du anderen ein Geheimnis von mir erzählst. Ich weiß jetzt nicht, ob ich dir noch vertrauen kann."

○ beschimpfen
○ sagen, was dich ärgert

3. Ein Freund / eine Freundin hat eure Verabredung vergessen. Du rufst an: „He, warum bist du nicht gekommen? Ich warte schon eine halbe Stunde, du Trantüte."

○ beschimpfen
○ sagen, was dich ärgert

4. Du hast eine Zahnklammer bekommen. Ein Freund / eine Freundin macht sich darüber lustig. Du sagst: „Ich mag es nicht, dass du mich wegen meiner Zahnklammer aufziehst. Ich muss sie schließlich tragen."

○ beschimpfen
○ sagen, was dich ärgert

5. Du hast Sport. In einem Wettkampf macht einer aus deinem Team einen Fehler und ihr verliert. Du sagst: „Was bist du doch für ein Trottel. Wegen dir haben wir verloren, du Pfeife."

○ beschimpfen
○ sagen, was dich ärgert

6. Du hast dich verabredet. Dein Freund / deine Freundin kommt eine halbe Stunde zu spät zum Treffpunkt. Du sagst: „Ich warte schon eine halbe Stunde und mir ist langweilig. Komm demnächst bitte pünktlich."

○ beschimpfen
○ sagen, was dich ärgert

7. Dein Nachbar wippt während eines Tests nervös immer wieder mit dem Bein. Du sagst leise: „Ich kann mich nicht konzentrieren, wenn du mit dem Bein wippst. Kannst du bitte aufhören?"

○ beschimpfen
○ sagen, was dich ärgert

8. Du schlägst einigen Freundinnen / Freunden vor, etwas gemeinsam zu unternehmen. Eine bzw. einer will nicht mitmachen. Du sagst: „Du verdirbst aber auch immer alles."

Sag, was dich ärgert 2

Ein Freund des Jungen nimmt sich dessen Fahrrad, ohne auf seine Erlaubnis zu warten. Der Junge ärgert sich, weil er nicht weiß, wann der andere es zurückbringen wird, oder weil er selbst gerne fahren möchte oder aus einem anderen Grund.

Wie kann er ihm sagen, was ihn ärgert, ohne den anderen zu beschuldigen oder zu beschimpfen?

- Schreibe möglichst zwei verschiedene Sätze auf.

____

____

____

____

____

____

Eine Freundin des Mädchens kommt eine Stunde später als verabredet. Das Mädchen ärgert sich, weil es sich auf das gemeinsame Spielen gefreut hat oder weil es sich selbst sehr beeilt hat, um pünktlich zu sein, und nun lange gewartet hat, oder aus einem anderen Grund.

Wie kann es der Freundin sagen, was es ärgert, ohne sie zu beschuldigen oder zu beschimpfen?

- Schreibe möglichst zwei verschiedene Sätze auf.

____

____

____

____

____

____

Wie entscheidest du? Ja oder Nein?

- Sagst du Ja oder Nein? Kreuze an.

Wenn jemand mich fragt, ob ich eine Zigarette haben möchte, sage ich ◯ Ja ◯ Nein.

Wenn ich Süßigkeiten habe und jemand mich fragt, ob ich ihm oder ihr etwas davon abgebe, sage ich ◯ Ja ◯ Nein.

Wenn jemand aus meiner Klasse mich fragt, ob ich ihm oder ihr meinen Bleistift leihe, sage ich ◯ Ja ◯ Nein.

Wenn mich jemand fragt, ob ich mitmache, im Laden heimlich Süßigkeiten in die Tasche zu stecken, sage ich ◯ Ja ◯ Nein.

Wenn jemand, der nicht zu meiner Familie gehört, mich fragt, ob ich in seinem Auto mitfahren möchte, sage ich ◯ Ja ◯ Nein.

Wenn jemand mich beschimpft und anschließend fragt, ob er oder sie meinen Bleistift leihen kann, sage ich ◯ Ja ◯ Nein.

Wenn mich jemand fragt, ob ich mit ihm einen Film für Erwachsene sehen will, wenn seine Eltern nicht zu Hause sind, sage ich ◯ Ja ◯ Nein.

Wenn jemand mich fragt, ob ich mitmachen will, eine Toilettentür mit Filzstiften zu bemalen, sage ich ◯ Ja ◯ Nein.

Wenn jemand aus der Klasse, mit dem oder der ich noch nicht gespielt habe, mich fragt, ob ich zu seiner oder ihrer Geburtstagsfeier komme, sage ich ◯ Ja ◯ Nein.

Wenn jemand mit mir spielt und mir sagt, dass ich jetzt tun muss, was er oder sie will, sage ich ◯ Ja ◯ Nein.

Wenn jemand, der Streit mit einem oder einer anderen hat, mich fragt, ob ich ihm oder ihr helfen kann, sage ich ◯ Ja ◯ Nein.

Wenn jemand sein Pausenbrot vergessen hat und mich fragt, ob er oder sie etwas von meinem Brot bekommt, sage ich ◯ Ja ◯ Nein.

Wenn jemand mich fragt, ob ich mitmache, die Fahrräder vor der Schule umzuwerfen, sage ich ◯ Ja ◯ Nein.

Wenn jemand mich auffordert, mit einem anderen Jungen oder Mädchen nicht mehr zu spielen, sage ich ◯ Ja ◯ Nein.

Gute und schlechte Entscheidungen

Wenn es um Kleidung, Möbel, Tapeten, Farben, Essen und viele andere Dinge geht, finden nicht alle Menschen die gleichen Dinge schön. Was einige schön finden, halten andere vielleicht für scheußlich. Menschen haben eben einen verschiedenen Geschmack.

Jeden Tag triffst du viele Entscheidungen. Wenn du dich morgens anziehst, entscheidest du, was du bequem oder schön findest. Du entscheidest dich, einem anderen Kind zu helfen, weil du das Kind magst oder weil du es gut oder wichtig findest, anderen zu helfen.

- Schreibe vier weitere Handlungen auf, bei denen du dich nach deinem eigenen Geschmack entscheiden kannst.

______________________________, ______________________________,

______________________________, ______________________________

Bei einigen Handlungen haben aber die allermeisten Menschen in unserem Land die gleiche Meinung und wir können uns nicht nach unserem eigenen Geschmack entscheiden. Die meisten Menschen finden es zum Beispiel schlecht, zu stehlen. Nur Diebe finden Stehlen gut. Damit die Menschen gut miteinander leben können, hat der Staat einige Handlungen durch Gesetze verboten.

- Schreibe vier weitere Handlungen auf, die der Staat zum Schutz der Menschen verboten hat.

______________________________, ______________________________,

______________________________, ______________________________

Gut oder schlecht?

- Trage die Wörter aus der Liste richtig in das Rätsel ein. Einige Buchstaben helfen dir dabei. Die Buchstaben in den Feldern 1 bis 18 sind die Lösung des Rätsels.
- Male die Felder **grün** aus, in denen etwas steht, das du gut findest. Male die Felder **rot** aus, in denen etwas steht, das du schlecht findest. Wähle **Gelb** bei etwas, das du nicht so gut findest, aber auch nicht wirklich schlecht.

ALKOHOL
ÄRGERN
AUSGRENZEN
BELEIDIGEN
BITTEN
DROGEN
EHRLICH
EINSAM
ESSEN
FRECH
FREUDE
GESUND
HELFEN
KOMPLIMENT
LACHEN
LÄSTERN
MISSHANDELN
MUT
QUENGELN
RAUCHEN
RESPEKT
SCHENKEN
SCHIMPFEN
SCHWÄNZEN
VERTRAUEN
ZERSTÖREN
ZUHÖREN

Was soll ich nehmen?

- Denke nach und kreuze an, was du lieber hast.
- Schreibe auch kurz auf, warum du so gewählt hast.

○ Winter oder ○ Sommer?
Warum hast du dich so entschieden? ____________________

○ Kartoffeln oder ○ Nudeln?
Warum hast du dich so entschieden? ____________________

○ Ball spielen oder ○ schwimmen?
Warum hast du dich so entschieden? ____________________

○ Spielplatz oder ○ Computer?
Warum hast du dich so entschieden? ____________________

○ Strand oder ○ Berge?
Warum hast du dich so entschieden? ____________________

○ Reichtum oder ○ Gesundheit?
Warum hast du dich so entschieden? ____________________

○ Hund oder ○ Katze?
Warum hast du dich so entschieden? ____________________

○ streiten oder ○ sich einigen?
Warum hast du dich so entschieden? ____________________

○ allein spielen oder ○ zu dritt spielen?
Warum hast du dich so entschieden? ____________________

○ rot oder ○ blau?
Warum hast du dich so entschieden? ____________________

○ lange Haare oder ○ kurze Haare?
Warum hast du dich so entschieden? ____________________

○ Zoo oder ○ Kino?
Warum hast du dich so entschieden? ____________________

____

○ Pizzeria oder ○ Eisdiele?
Warum hast du dich so entschieden? ____________________

____

○ Junge oder ○ Mädchen?
Warum hast du dich so entschieden? ____________________

____